Stille Symphonie

In der stillen Nacht so klar,
flüstert leis der Mondenschein,
Pianotöne, wunderbar,
dringen tief ins Herz hinein.

Sterne funkeln, leise singen,
eine Symphonie der Zeit,
träumend lässt das Herz erklingen,
was die Seele sanft befreit.

Durch die Dunkelheit gerissen,
schweben Melodien sacht,
träumen in den stillen Kissen,
bis der neue Tag erwacht.

Weisheit des Meeres

Wellen flüstern alte Lieder,
weisen Wege, fern und nah,
erzählen von der Zeiten Flieder,
von dem, was einst gewesen war.

Muscheln tragen weise Stimmen,
die Geschichte weit erzählt,
von des Meeres tiefen Sinnen,
das kein Missverständnis quält.

Weisheit ruht in ihren Tiefen,
sanft in Wogen, die nicht ruh'n,
lädt uns Menschen ein zu zieh'n,
dort, wo Herzen ewig tun.

Schatten der Wellen

Schatten tanzen auf den Fluten,
wo die Wellen sich ergießen,
über Strände, weiße Ruten,
wo die Geister heimlich fließen.

Dort am Ufer, still und leise,
hüllt der Nebel sanft das Land,
führt die Sinne auf die Reise,
wo nur Traum und Wirklichkeit.

In den Schatten, so verborgen,
spricht das Meer mit tiefer Macht,
schenkt uns Hoffnung, schenkt uns Sorgen,
in der stillen Sternennacht.

Klänge der Tiefe

Tief im Herzen dunkler Wasser,
schlägt ein Puls so klar und weit,
wie ein Lied, das nie verblasst,
in der stillen Ewigkeit.

Klänge weben schönen Schleier,
um die Seele, still und rein,
schwingend wie ein sanfter Seufzer,
der die Gezeiten bricht in zwei.

Durch das Blau, das uns beglücket,
in der Tiefe, still und klar,
singen Klänge, die entzücket,
ein Lied von Freude wunderbar.

Brüchige Erinnerungen

Zerbrochene Bilder in der Hand
Verwehte Zeit im Sand
Ein Lächeln, das verblasst
Ein Schatten, der nicht passt

Alte Briefe in der Kiste
Vergessene Namen auf der Liste
Ein Duft, der kaum noch lebt
Ein Blatt, das sich erhebt

Schritte auf vergessenen Wegen
Worte, die nichts mehr bewegen
Ein Echo aus der Ferne
Ein Flüstern zu den Sternen

Reflexionen des Jetzt

Im Spiegelbild der Zeit
Verweilt der Augenblick
Ein Farbenmeer, das treibt
Ein Moment, der bleibt

Gedanken fließen sacht
Durch des Tages stille Nacht
Ein Herzschlag, der erzählt
Wie die Zeit sich quält

Der Horizont so nah
Doch gestern verließ die Schar
Gemeinsam auf dem Pfad
Der heute uns berad

Klang der Stille

Im Leisen der Nacht
Eine Melodie erwacht
Ein Laut, der bricht
Durch des Mondes Licht

Die Ruhe nun erklingt
Ein Herzschlag, der singt
Ein Flüstern, das man hört
Vom Winde sanft gestört

Die Symphonie der Zeit
In stiller Ewigkeit
Ein Hauch von Erinnerung
In Schatten der Dämmerung

Rhythmus der Jahre

Im Takt der Zeit verweht
Wie ein Lied, das niemals geht
Ein Schritt folgt dem nächsten Klang
Ein Lied, das ewig sang

Zwischen Frühling und Schnee
Ein Tanz durch Hoch und Weh
Der Sommer kommt und zieht
Ein Herbst, der Abschied bietet

Und doch im Kreislauf schön
Die Jahre, die verwehn
Ein Leben tanzt im Licht
Der Rhythmus, der nie bricht

Mondglanz und Flut

Der Mond strahlt hell im stillen Blau,
Ein Flüstern ziehen auf das Meer.
Die Flut erhebt sich hoch ins Grau,
Vergänglichkeit, sie wiegt so schwer.

Silbern glänzen Wellenkronen,
Sanftes Murmeln, ozeanisch Rauschen.
Sterne locken in den Zonen,
Wo Träume grenzenlos auflauschen.

Ein Nachthauch kühlt die heiße Stirn,
Ein Schlaflied singt die Ebbe still.
In endloser Weite, fern und wirr,
Sehnsucht, die das Herz durchquillt.

Schmelzende Horizonte

Die Sonne sinkt im Farbenspiel,
Ein Feuer tanzend, Goldenrot.
Ein sanfter Kuss der Nacht entzieht
Dem Tag am Horizont sein Brot.

Verträumt, die Wolken ziehen fort,
Von sanften Winden mild getragen.
Ein Zauber birgt im lichten Ort,
Der Stille sanften Fragen.

Die Dämmerung fließt über Land,
Ein dunkles Kleid von zarter Hand.
Ein Märchen, das in Träumen stand,
Verleiht dem Himmel Sternenband.

Verborgene Tiefen

Ein See von Zedern tief umarmt,
Ein Fischer sitzt, Gedanken schwer.
Die Weite ruht in Farben warm,
Gedanken ziehen fort von hier.

Verborgene Tiefe, schweigsam kalt,
Ein Echo trägt der Wasser Schall.
Wo Träume bergen sich in Halt,
Die Zeit verliert sich allzumal.

Ein Ruf der Stille, kaum gehört,
Ein Geheimnis ruht im Wassergrund.
Die Seele wird vom Licht betört,
Im Schatten bleibt der Herzverbund.

Windgespräch

Der Wind, er flüstert leis und sacht,
Erzählungen aus ferner Zeit.
In seinem Hauch, der sanft erwacht,
Da schwingt der Freiheit zarte Weit.

Über Wiesen, Berg und Tal,
Ein Wispern, das die Welt durchzieht.
Ein lockend Rufen, überall,
Von Abenteuern, die es gibt.

Die Seele lauscht dem klaren Klang,
Der Wind spricht ohne Zaudernfrei.
Ein Lied der Lüfte, wild und jung,
Im Windgespräch wird Herzensei.

Zwischen den Momenten

Zwischen den Momenten
liegt die Stille tief verborgen,
ein Raum für tausend Träume,
und Gedanken ohne Sorgen.

Der Atem hält inne,
die Zeit fließt still vorbei,
in diesen flücht'gen Augenblicken,
fühl' ich mich frei und neu.

Der Wind singt leise Lieder,
ein Blatt fällt sanft herab,
zwischen den Momenten,
erspüren wir das Glück in einem Akt.

Ein Lächeln in der Ferne,
Erinnerungen so klar,
zwischen den Momenten,
wird das Herz vernarb.

Doch in diesen stillen Stunden,
fängt das Leben an zu blühen,
zwischen den Momenten,
schlägt die Zeit wie Flügen.

Stillen Wassern

An stillen Wassern steh' ich,
betrachte ihren Schein,
die Welt hält kurz den Atem an,
die Seele wird ganz rein.

Das Leben tief verborgen,
im Schatten spiegelnd klar,
verweilen an den Wassern,
derselbe Traum wie jedes Jahr.

Die Wogen tragen Lieder,
von längst vergang'ner Zeit,
an stillen Wassern lauschen,
die Ruhe im Kleid.

Ein Fisch zieht seine Kreise,
darunter strömend ruh,
verlockende Geheimnisse,
liegen da still im Nu.

Im Spiegel dieser Zeiten,
bleibt die Erinnerung wahr,
an stillen Wassern träumen,
der Zukunft so wunderbar.

Echo der Jahre

Ein Haus von einstigen Tagen,
doch heute steht es leer,
echoiren ihre Stimmen,
die Geister noch so sehr.

Im Wind flüstert die Zeit,
ein leises, sacht' Geräusch,
echo der Jahre flüstern,
wie ein fragiles Geläusch.

Ein Tisch, ein leerer Stuhl,
das Lachen klingt im Raum,
Erinnerungen geflüstert,
wird Leben zum Traum.

Spuren von früheren Leben,
in Mauern drin gebannt,
echo der Jahre wieder,
ein sanfter Seelentand.

Und während sie verbinden,
vergangen und gezeigt,
führ'n sie uns durch Zeiten,
die keiner mehr erreicht.

Im Strom der Zeiten

Im Strom der Zeiten fließen,
die Tage sanft dahin,
mit ihnen wir reisen,
auf einer unbekannten Sinn.

Die Wellen tragen Träume,
von gestern und von heut,
geheimnisvoll und leise,
ein stetes Kommen und Gehn.

Erinnerungen wirbeln stetig,
wie Blätter in dem Wind,
im Strom der Zeiten tragend,
die Geschichten, die man find.

Mit wechselnden Gezeiten,
ein endlos Choreograph,
erlebt die Seele Wandel,
im großen Lebens-Paragraph.

Im tiefen Strom des Lebens,
der niemals stillen Nacht,
erfahren wir das Sein,
Wird an Ewigkeit gedacht.

Weit entfernt

Hoch am Horizont so fern,
streckt sich der Himmel weit,
die Sonne taucht das Land,
in goldenes Abendkleid.

Durch Wolken ziehen Träume,
geschrieben in den Wind,
Gedanken fliegen leise,
wo wir nicht immer sind.

Der Ferne Ruf der Berge,
ein Flüstern lockt ins Tal,
dort jenseits aller Sorgen,
wo Frieden ruht einmal.

Die Sterne funkeln oben,
ein Bild aus ferner Zeit,
in dunklen, weiten Nächten,
fühlt sich das Herz erneut.

Weit entfernt und doch so nah,
wenn Seelen sich berühren,
trägt uns die Hoffnung weiter,
bis wir uns wieder spüren.

Tränen des Meeres

Tief im Ozean verborgen,
wo Stille Frieden trägt,
dort tauchen auf die Tränen,
wo niemand Abschied pflegt.

Die Wellen flüstern leise,
von Kummer und von Glück,
in tiefen, wilden Wassern,
verliert sich Blick für Blick.

Das Salzwasser trägt Träume,
von Meeren ungezählt,
das Meer nimmt an die Wunden,
die niemand sonst geheilt.

Wo Tränen sanft versinken,
im ewigen Gezeitenlauf,
dort finden alle Seelen,
das Licht, das auf sie taucht.

Denn jede Träne des Meeres,
spricht von verloren Sein,
doch birgt in ihrem Tropfen,
ein Herz, gebannt im Sein.

Wasserkreis

Ein Tropfen in der Quelle,
erschafft den ersten Ring,
man sieht die Wellen ziehen,
bis hin zum fernen Ding.

Im Kreis, der ewig dreht,
da tanzt ein leises Lied,
der Fluss bewegt die Welten,
in seinem sanften Stil.

Die Zeit steht still im Wasser,
wenn Kreise wandern fort,
verbinden sich die Wellen,
zu einem ewigen Ort.

Das Leben scheint ein Kreisen,
wie Wasser fließt es hin,
in steter Wechselwirkung,
wird alles neu darin.

Und doch, im Kreis verborgen,
ein kleines Wunder wohnt,
mit jedem Tropfen Wasser,
den Fluss des Seins betont.

Verweile im Fluss

Ein Fluss rauscht durch das Tal,
erzählt von alten Zeiten,
er trägt so viel Geschichten,
doch lässt sich nicht verleiten.

Im Wasser spiegeln Bäume,
die Ufer still umarmen,
das Leben fließt beständig,
in heitr'em, sanftem Rahmen.

Verweile einen Augenblick,
und hör dem Wasser zu,
es rauscht von fernen Wundern,
von Liebe und von Ruh.

Der Fluss verfolgt sein Ziel,
durch Wälder, Fels und Stein,
doch nimmt sich Zeit zu träumen,
bei Sternenschein, ganz fein.

So lehre uns der Flusslauf,
dass Eile nichts gewinnt,
der Strom des Lebens fließt,
wer Ruhe findet, der gewinnt.

Bewegte Ruhe

Inmitten der Wälder so dicht,
Erklingt ein leises, sanftes Licht,
Die Blätter tanzen leise,
In des Windes steter Weise.

Ein Bächlein murmelt leis' dahin,
Ein Lied von Frieden tief im Sinn,
Zwischen Moos und alten Steinen,
Finden Seelen dort ihr Heimen.

Die Sonne küsst den stillen Fluss,
Im klaren Wasser ein Genuss,
Wie Träume sanft und sacht,
In stiller, friedlicher Pracht.

Ein Vogel ruft aus ferner Zeit,
Echos wehen sanft und weit,
Die Welt ruht in sich selbst versunken,
In Frieden mild, von Glück umtrunken.

Zeitstrommelodie

In der Uhr des alten Turms,
Verwebt sich Zeit in stillen Sturms,
Jeder Schlag ein Moment,
Der ewig weiter rennt.

Melodien klingen sanft dahin,
In Herz und Geist, wohl tief im Sinn,
Ein Echo durch das All,
Endlos, frisch und schall.

Vergangene Stunden, flüchtig hell,
Wie Sternenstaub im Himmelsquell,
Jede Sekunde ein Gedicht,
Das das Herz in Seelen spricht.

Zeit fließt wie ein klarer Bach,
Tag und Nacht in ewigem Schach,
Ein Rauschen der Beständigkeit,
Im Takt der Ewigkeit.

Vergangene Ufer

Am Ufer der Erinnerung,
Markiert von Zeit's unendlichem Schwung,
Wellen küssen steinern' Land,
Ein Bild von ferner, alter Hand.

Die Schatten längst vergang'ner Tage,
Schweben sanft, ohne Klage,
Ein Flüstern in des Windes Lied,
Von Liebe, Hoffnung, stillem Fried.

Die Sterne spiegeln sich im Fluss,
Erinnerungen zart im Überfluss,
Ein Lächeln aus der längst verlor'nen Zeit,
Findet im Herz sein stilles Geleit.

Ein Echo klingt im Mondenschein,
Erzählt von Glück und stillem Pein,
Die Ufer alter Brücken wehen,
Im Geist stets weiter gehen.

Ewige Gezeiten

Auf den Wogen, stets im Spiel,
Schwingt die Zeit, verliert kein Ziel,
Im Takt der alten Herrlichkeit,
Die Flut kommt, die Ebbe weicht.

Der Mond erstrahlt, zieht das Meer,
In ewig' Wechsel, hin und her,
Ein Tanz, der niemals enden will,
Ewigwährender Wasserpuls so still.

Das Lied des Windes in den Ohren,
Von alten Zeiten niemals verloren,
Wogen eilen still und klar,
Ein Traum aus Wasser, wunderbar.

Geflüstert wird den Sternen nah,
Von Geschichten, lang schon da,
Ein Märchen aus den Tiefen weit,
Ewig wechselt die Gezeitenzeit.

Lebendes Wasser

Fluss des Lebens stark und klar
Trägt die Hoffnung, Jahr um Jahr
Immer fließend, nie zu stoppen
Zaubert Träume in uns allen

Quelle tief im Berg verborgen
Bringt das Licht in jeden Morgen
Rinnt durch Täler, durch die Zeiten
Lässt die Welt in Farben gleiten

Wellen schlagen, ewig sacht
Halten Wacht bei Tag und Nacht
Frei wie Vögel in den Lüften
Lebend Wasser, endlos Ziel

Birgt Geheimnisse, erzählt
Von der Liebe, nie gequält
Führt ihn fort, den ew'gen Kreis
Lebendes Wasser, immer Preis

Geheimnisvolle Tiefen

Meer so weit, kein Ende sieht
Geheimnis, das sich nie verliert
Wogen tragen, was wir träumen
Unter Sternen, unter Bäumen

Dunkle Fluten, stiller Grund
Halten vieles, was wir kund
Fische tanzen in der Nacht
Hüten still, was Liebe macht

Strömung zieht uns in die Ferne
Hoffnung glänzt in jeder Perle
Sagen von vergangnen Zeiten
In den Tiefen sanft verbergen

Unbekannte Welten rufen
Locken mit den besten Stufen
Tauche ein, begegne Licht
Geheimnisvoll, wie ein Gedicht

Unendlich und Verbindlich

Zeit vergeht, doch wir bestehen
Unendlich Liebe wir verstehen
Ewig Band, das uns umschließt
In uns die Verbindung sprießt

Sterne, die am Himmel funkeln
Zeugen von den Seelenbunken
Feste Hand, die niemals lässt
Hoffnung, die kein Leid vergisst

Brücken schlagen, weit und breit
Ein Band der Ewigkeit bereit
Durch die Jahre, durch die Orte
Liebe bleibt die feste Sorte

Unendlich, ewig, ohne Ende
Herzen schlagen wie Legende
Verbindlich, stark, in jeder Stunde
Gebunden durch des Lebens Wunder

Uraltes Flüstern

Wälder tief im Dunkel stehn
Nur der Wind versteht ihr Fleh'n
Blätter flüstern von den Jahren
Die Vergangenheit bewahren

Steine sprechen ohne Worte
Weiser Klang an jedem Orte
Echos von der alten Zeit
Klingen bis in Ewigkeit

Bäume ragen in die Höh'n
Wurzeln tief im Herzen steh'n
Altes Wissen, uralt, stark
Weiterleben, stark im Park

Im Schatten ruht die Seele still
Höret zu, was immer will
Uraltes Flüstern, Weisheit pur
Lebendig wie der Himmelsschwur

Gezeitenklang

Das Meer, es singt in sanften Wellen,
Den Klang der Zeit, das Lied der Nacht.
Die Gezeiten kommen, Gezeiten schwellen,
In Ruhe und in stiller Pracht.

Der Wind trägt Flüstern von fern und nah,
Geschichten, die das Herz durchdringen.
Frei wie die Möwen, die ich sah,
Tanzt die Erinnerung im Windes Schwingen.

Mit jedem Auf und jedem Ab,
Erzählt das Meer von uns'rem Sein.
Die Weite ist ein off'nes Grab,
Bedeckt von Licht und Mondesschein.

Wo Himmel und Wasser sich vereinen,
Spricht die Tiefe ohne Wort.
Das Schweigen kann die Seele meinen,
Hier ist der Sehnsucht stiller Ort.

Echos im Wasser

Sanftes Plätschern im Morgenlicht,
Der See erzählt von alten Zeiten.
Ein Echo, das durch Stille bricht,
Kann unsere Gedanken leiten.

Jeder Tropfen hört Geschichten,
Von Liebe, Glück und wilder Lebenslust.
Sie flüstern leise, um zu sichten,
Den Klang, der in die Tiefe brust.

Die Ferne ruft in blauer Stille,
Der Horizont ein leises Wort.
Wasser trägt uns' re sanfte Wille,
Und treibt die Träume immer fort.

Durchs Weite zieht ein leises Rauschen,
Ein Hauch von Ewigkeit im Wind.
Man kann die Stimmen still belauschen,
Die wie ein zarter Reigen sind.

Vergängliche Weiten

Im Himmelszelt der Sterne Spiel,
Die Ewigkeit verspricht so viel.
Doch in der Weite, unendlich groß,
Ist jedes Einzeln einzeln bloß.

Der Wind trägt Geschichten von Urzeit her,
Von Liebe, Kummer, Freud und mehr.
Die Weiten, sie sind stumm und fern,
Und doch dem Herz so schmerzlich gern.

Jede Welle, jeder Sternenschein,
Erinnert uns, wir sind allein.
Vergänglichkeit, sie schwebt herab,
Ein stiller Hauch, der alles gab.

Die Welten, trotz ihrer mächtigen Pracht,
Sind in der Zeit nur eine Nacht.
Denn was besteht, vergeht im Wind,
Ein Hauch, der flüsternd sich verliert.

Stille Ozeane

In Tiefen, wo die Stille thront,
Ruht ein Ozean, wie ewig schön.
Kein Laut, der durch die Wogen tönt,
Nur Leere, die sich wundersam anfühlt.

Ein Glanz von Silber, Mondeslicht,
Lässt Wasser träumen, fern und klar.
Was dort im Dunkel unerreicht,
Ist Poesie, so sonderbar.

Im Herzen wogt ein sanfter Takt,
Der Wellen Lied, das unvergessen.
Durch endlos Weiten, niemals nackt,
Ist jede Tiefe stumm besessen.

Die Stille trägt uns fort, so weit,
Zu Orten jenseits Raum und Zeit.
Wo nur die Ruhe uns geleitet,
Ist Frieden, der die Seele weitet.

Spirituelle Flut

Durch stilles Tal fließt Weisheit rein,
Ein sanfter Hauch von Ewigkeit.
Verborgen in der Seele scheint
Ein Licht, das uns zum Traum befreit.

In tiefen Wogen findet Ruh
Das Herz, das sucht im Innern still.
Durch Wellen von Bewusstsein flu-
ss der Geist, dem ewig Frieden will.

Ein Funke der Erleuchtung glüht,
Entfachte Flammen voller Macht.
Den Pfad zur Wahrheit uns bemüht,
Ein Ozean der Welt entfacht.

Durch Flut von Träumen treiben wir,
Zu Ufern, die der Geist erschaut.
Im innern Meer erwachtes Wir
Vertraut, was längst zur Seele baut.

Die Wellen schlagen sanft ans Land,
Ein Kreislauf, ohne Rast und Ruh.
In Göttlichkeit das Herz entbrannt,
Findet müde Seelenflügels Schuh.

Schwebende Kreise

In Kreisen zieht das Leben fort,
Ein Wirbeln in der Lüfte Schein.
Vom sanften Wind zum Himmelport
Erheben wir uns leicht und fein.

Schwebende Träume tragen sacht
Gedanken weit, die keinen Halt.
Ein endlos Tanz, der sanft entfacht,
Im Kreis, der Ewigkeit verwallt.

Die Welt in Spiralen sich bewegt,
Geführt vom Rhythmus dieser Pflicht.
Das Herz in Schwingen hochgelegt,
Gefangen in des Kreises Licht.

Der Kosmos singt sein altes Lied,
Ein Kreislauf ohne Anfangspfund.
Schon ewiglich der Samen zieht
Und keimt in nie gehabtem Grund.

So schweben wir von Zeit zu Zeit
Im Ringe, der kein Enden kennt.
Der Kreis der Ewigkeiten breit,
Die Seele stets im Dasein brennt.

Verklärte Wasser

Ein Spiegelbild im Mondschein klar,
Verwoben in des Flusses Glanz.
Die Nacht umhüllt, was ewig war,
Ein stiller Traum im Wasserschwanz.

Verklärte Wasser, die uns fass-
en, legen Frieden in die Welt.
Ein Schein, der uns in Träume lass-
Beseelt vom innern Sternenzelt.

Das Leben mischt sich sanft hinein,
Im Flusse, der die Zeit vergeht.
Was ewig währt, lässt Schatten klein,
Durch Quellen, die kein Aug' erspäht.

Die Flut, die alles trägt und birgt,
Ergießt sich in das weite Meer.
Ein Ozean, der Sinne wirkt,
In Frieden getauchte Nacht verwehrt.

Durchs Wasser schimmert still das Licht,
Ein Glanz, der in die Seele dringt.
Verklärt der Geist, das Herz verzicht't,
Ein Segen, der in Träumen klingt.

Uralte Harmonie

Ein Klang, der aus den Tiefen singt,
Durch alte Wälder heimlich hallt.
Das Lied, das uns die Erde bringt,
Ein Hauch von Ruhe, nie erkalt't.

Im Takte alter Zeiten schlägt
Das Herz, das ewiglich versteht.
Ein Reigen, der die Welt bewegt,
In Harmonie zusammengeht.

Die Sterne selbst in Reihen ord-
en, ein Licht, das ew'ge Runden dreht.
Das Universum kennt kein Bord,
Ein Lied, das ewiglich besteht.

In Harmonie der Welten Glanz,
Die Seele sich im Gleichklang wiegt.
Ein Tanz, der uns're Herzen kranz,
Ein Einklang, der die Zeit durchfliegt.

So finden wir im Alleskreis
Den Schlüssel zu des Daseins Glut.
Uralte Harmonie, als Preis
Der Seelenreise, die uns ruht.

Schimmernde Weiten

Weite Felder, grüne Pfade
Sonnenaufgang, gold'nes Licht
Frieden ruht im Morgenhimmel
Erwacht aus dem Traumgesicht

Schimmern Wolken im Vergehen
Tanzen frei auf sanftem Wind
Sanfte Klänge, leises Singen
Seelenschmerz, der nicht mehr sinnt

Höhenflug der stillen Möwe
Über Meeresblau und Sand
Sonne küsst die Meereskante
Flüstert leise, Hand in Hand

Sternenstaub auf Wiesenranken
Flüsternd leitet er die Spur
Wald und Flur in tiefer Schönheit
Nächte hell im Mondgefuhr

Weite Welt im Morgenlichte
Ewigkeit, in dir so frei
Lichterspiel im Herzenschlagen
Eins mit allem, du und ich

Verborgene Spiegel

In den Tiefen deiner Augen
Leuchtet still ein ferner Stern
Herz in Schatten, Herz in Flammen
Führt uns näher, bringt uns fern

Traumbilder, sie leise wandern
Durch das Reich der schlafenden See
Meeresrauschen, sanfte Wellen
Hände, die im Nichts verweh'n

Spiegel alter, dunkler Tage,
Bruchstückkristall aus alter Zeit
In den Tiefen deiner Seele
Spiegelt sich die Ewigkeit

Gebrochnes Licht auf stillen Seen
Zeigt uns, was verborgen bleibt
Traumbilder der fernen Welten
Die unser Sehnen nie vertreibt

Dein Herz, ein stiller Ozean
Voller Tiefe, voller Zeit
Widerschein der stillen Träume
In der Ewigkeit befreit

Unstillbare Flut

Wellen rollen sanft ans Ufer
Kräuseln sich im Abendrot
Leise Wehmut, tiefer Sehnsucht
Ewig bahnt ihr leiser Tod

Brandung kraftvoll, Meer in Schreien
Stürmt und tobt aus tiefem Klang
Liebesflüstern, Schaumgeboren
Schriften aus dem Herzgesang

Schatten, sie im Licht verwehen
Gischt, die über Wogen zieht
Sanfte Hände, leise fühlend
Liebe, die in Sturm erblüht

Stille Tropfen, Wellenkronen,
Meere wogen, schimmernd klar
Unstillbare Flut des Sehnens
Rieselt still in Stundenjahr

Ewig rauscht die unend Flut,
Meere wiegen, Himmel lacht
In den Fluten, tief verborgen,
Sehnsucht ewig neu erwacht

Schaumgeborene Lieder

Fern im Ozean der Träume
Werden Lieder neu geboren
Schaumgekrönt auf Wellenbäumen
In des Meeres Schoß verloren

Sanftes Rauschen, leises Flüstern
Gischt und Wogen wiegen uns
Herzensweise, tiefes Singen,
Meer in seinem weiten Bruns

Sterne spiegeln sich im Tanze
Auf der Oberfläche klar
Schaumgeborene Melodien
Führen uns ins Traumgefahr

Weit entfernt von allem Irden
Schwingen Lieder ewig nach
Herzen lauschen still und regen
In des Meeres stillem Fach

Weite Welt der schäum'gen Lieder
Sanftes Rauschen, Flut und Licht
Träume tief in uns geschrieben
Herausgesungen uns're Pflicht

Verborgene Strömung

Unter stillen Wasserfluten
Fließt das Leben leise hin
Geheimnisse, die tiefenrouten
Sind bewahrt im sanften Sinn

Durch die Schatten gleiten Fische
Ohne Worte, ohne Klang
Was verborgen ist, das wisse
Dauert ewig, uralt Drang

Hin und her, das Treiben, Wogen
Unbeachtet, ungesühnt
Flüstern leis von alten Strogen
Die kein Menschenauge mehr sieht

Ströme tragen unser Denken
Fern in Weiten, nie gekannt
Doch wer mag den Weg nun lenken
Wenn die Zeit sich still verschanzt

Tief verborgen liegt das Wispern
In den Wellen, klar und weiß
Wasser trägt die ewgen Lichtern
Fließt zusammen, bricht in Eis

Unsterbliche Schönheit

Die Blume blüht in hellem Lichte
So zart und fein im frischen Grün
Einst vergänglich, doch Gedichte
Sagen, Schönes bleibt bestehn

Rosenglanz und Lilienträume
Finden ewig ihren Platz
Selbst in alten Märchensäume
Bleiben sie des Herzens Schatz

In Bildern, die uns tief erfassen
Wird der Zauber nie vergehn
Selbst wenn ferne Welten blassen
Wird die Schönheit auferstehn

Zeitlos formt sich ihre Güte
In den Seelen, rein und klar
Unsterblichkeit ist ihre Blüte
Blickt hinaus, dem Morgen nah

Wenn wir diese Zauber sehen
Licht erstrahlt in Dunkelheit
Bleibt die Welt in ihrem Wehen
Unvergesslich, zeitbereit

Ewiger Tanz

Die Sterne funkeln in der Ferne
Schnell und wirbelnd, ohne Rast
Einen Reigen, gleich wie Kerne
Dreh'n sie sich mit großer Hast

Jede Nacht, ein Tanz der Lichter
Folgt dem Takt, den Kosmos gibt
Zwischen Schatten, Blätterdichter
Wo der Geist sich selber liebt

Schweben, singen, leise fliegen
In die Unendlichkeit hinein
Wellen, die sich sanft verneigen
Fügen sich dem heilgen Schein

Dieser Tanz, er wird nicht enden
Selbst wenn Tage uns vergehen
Zeit und Raum, sie sich verweben
Lassen es in Schönheit stehen

Sterne, Sterne seid ihr Zeugen
Himmel trägt des Lebens Glanz
In des Herzens tiefstem Reigen
Schlägt es wild im ewgen Tanz

Narziss und die Wasser

Sein Blick, so stolz auf klares Spiegeln
Wasser ruht in stiller Pracht
Narziss, der schöne, bleibt erliegen
Dem Bild, das seine Augen wacht

Am Ufer, nahe jener Quelle
Wo die Bäume flüstern mild
Sieht er, wie in stiller Welle
Sich sein Antlitz sanft enthüllt

Keine Blüte, keine Lieder
Ziehen ihn von sich fort, hinweg
Liebe zu sich selbst, nie wieder
Wird er finden einen Steg

Wasser spiegeln seine Wangen
Wie Verwoben, eins und klar
Doch sein Herz bleibt nur gefangen
In dem Bild, das einstens war

So verweilt er, immer schauend
In der Ewigkeit gefasst
Jener Schönheit, ewig dauernd
Ist sein Geist nun angefasst

Im Sog der Zeit

Im Fluss der Tage, klar und rein,
Trägt uns fort, gen Endlichkeit.
Momente fliehen, Schatten sein,
Ein Flüstern nur in Ewigkeit.

Vergangenheit in Dunst gehüllt,
Zukunft nah und unergründlich.
Gegenwart, ein Licht erfüllt,
Doch auch sie zieht unersättlich.

Wie Blätter fallen, sanft und leise,
Träume fliegen durch die Zeit.
Im Herz, die ewig alte Weise,
Liebe bleibt in Ewigkeit.

Zeit ist stumm und doch so laut,
Ein ewiges Lied, das nie verhallt.
Die Ewigkeit, die uns vertraut,
Ein Flüstern, das uns immer ballt.

Sprung durch Epochen

Zeiten ändern, Jahre fliehen,
Im Wandel prachtvoller Kulissen.
Von der Antike bis zu den Visionen,
Nichts verbleibt an alten Stricken.

Römische Straßen, alte Spiele,
Seeräuber kreuzen ferne Meere.
Doch die Zukunft schwebt, im Spiele,
Von uns erdacht, in neuem Heere.

Mit einem Sprung durch Zeiten reisen,
Von Stein zu Stern, von Glanz zu Staub.
Jede Epoche will uns weisen,
Lebt in uns, von Kind zu Stab.

Obviamente ist der Mensch gefangen,
In seiner Zeit und deren Träumen.
Doch der Geist, die Seelenflammen,
Bringen Licht in dunklen Räumen.

Unberührte Ufer

Wo der Wind die Wellen küsst,
Und die Stille sanft verweilt.
An Ufern unberührt und frisch,
Das Herz in Ruh' verweilt.

Blüten, bunt an allen Seiten,
Wogenwelle, sanfter Wind.
Hier kann die Seele sich verbreiten,
Wo Land und Wasser sich verbinden.

Fische tanzen, Vögel singen,
Die Luft erfüllt von süßem Klang.
In diesem Ort, da kann gelingen,
Was Traum nur war, im Herzensdrang.

Unberührte Ufer, still und rein,
Ein Paradies in jeder Hinsicht.
Hier möge alles friedlich sein,
Fern der Welt und ihrem Licht.

Kosmischer Fluss

Sterne gleiten, Licht durch Zeiten,
Eine Reise in das All.
Kosmischer Fluss, nie zu beschreiten,
Eine Reise ohne Halt.

Planeten kreisen auf Bahnen still,
Millionen Jahre sind ein Augenblick.
Das Universum, wie es will,
Führt uns durch Raum und Zeit zurück.

Galaxien treiben, fern und nah,
Im Tanz der Ewigkeit verwoben.
Ein Lied der Stille, wunderbar,
Von Wogen aus Licht umhoben.

Kosmischer Fluss, in Ewigkeit,
Ein Meer ohne Ufer, endlos weit.
Das Herz des Menschen, klein und rein,
Verloren im kosmischen Geleit.

Ewige Gezeiten

Die Wellen tanzen leise,
auf dem gold'nen Sand,
wie endlose Ozeanstreifen,
in des Mondes Hand.

Jede Ebbe, jede Flut,
hält das Gleichgewicht,
ein ewiger Loop im Meer,
derselbe sanfte Licht.

Felsen tragen Narben,
von Zeiten, die vergeh'n,
ein Lied der alten Meere,
das wir hören, wenn wir steh'n.

Ruhig, wie die Gezeiten,
usserlich wie innerlich,
so bleibt die Seele immer,
im spiegelklaren Licht.

Bis die Wellen rufen,
uns heim zu führ'n,
wo Ewigkeit und Endlichkeit,
im Strome sich berühr'n.

Flüstern der Ewigkeit

Ein Hauch, ein sanftes Raunen,
durchs Fenster der Zeit,
das Ewige uns flüstert,
von der Unendlichkeit.

Jede Sekunde zählt,
jeder Augenblick,
die Ewigkeit steckt im Moment,
flüchtig wie ein Blick.

Nebelschwaden zieh'n,
durch die stillen Höhn,
tragen alte Weisheit,
die wir kaum versteh'n.

Das Flüstern, fast verloren,
im Lärm des Alltagsdrill,
doch wer die Stille sucht,
erhört des Echos still.

So lauschen wir den Klängen,
von Zeit und Ewigkeit,
der Herzschlag der Geschichte,
der Im Flüstern sich befreit.

Unendlicher Strom

Durch Täler und über Hügel,
fließt der unendliche Strom,
ein Tanz ohne Ziel,
gleichwohl ohne Ruhm.

Er trägt die Last der Zeiten,
die Spuren alter Tage,
und flüstert leise Lieder,
am Ufer einer Sage.

Steine, glatt geschliffen,
von der ew'gen Strömungskraft,
zeugen von den Reisen,
die der Fluss erschafft.

Ein Gischt, ein Funkeln,
in der Mittagssonne Klarheit,
ein endloser Horizont,
der uns ins Ungewisse leitet.

Ewigkeit im Wandel,
niemals ganz erfasst,
der unendliche Strom,
der Leben in sich fasst.

Vergängliche Umarmung

Zarte Blätter fallen,
flüsternd zur Ruh,
die Bäume niederneigen,
in der Dämmerungsspur.

Die Jahre wiegen schwer,
doch freundlich und sacht,
umarmen uns die Schatten,
in der stillen Nacht.

Vergänglichkeit im Wind,
trägt unser Sein fort,
und doch, im gold'nen Licht,
fällt kein letztes Wort.

Zwischen Tag und Nacht,
die Melodie des Lebens,
ein vergänglicher Tanz,
unser Herz erhebt es.

In dieser stillen Stunde,
im Augenblick gefangen,
die Zeit hält uns leicht,
in vergänglicher Umarmung.

Unterseeisches Wispern

In Tiefen, wo das Licht sich bricht,
Flüsternde Geister im Wasserlicht
Verborgene Stimmen, sanft und klar,
Erzählen von Welten, wunderbar.

Seepflanzen weben ein grünes Kleid,
In Hallen dunkler Ewigkeit.
Fische gleiten, lautlos sacht,
Traumhaft schön in der Stille Macht.

Korallen leuchten, rot und blau,
Ein Meeresgarten, funkelnd schlau.
Unterseeisches Wispern im Herzen ruht,
Macht das Meer uns sanftes Gut.

Schätze tief im Sand verborgen,
An die sich Legenden morgen.
Eine Melodie, die niemals schwindet,
Die den Wanderer im Traum verbindet.

Tauch' ein in die stille Pracht,
Wo Geheimnis auf Geheimnis lacht.
Jede Welle trägt ein Lied,
Das der Ozean uns still verriet.

Leuchtende Wogen

Sterne spiegeln sich im Meer,
Leuchten Wogen hin und her.
Ein Glitzern aus der Tiefe steigt,
Die Dunkelheit in Farben zeigt.

Mondlicht küsst die Wasserbahn,
Flüstert leis' im sanften Plan.
Leuchtend tanzt die Welle fort,
Trägt die Sehnsucht an den Ort.

Schaumkronen wiegen sich im Spiel,
Erzählen uns so still und viel.
Ein Licht, das niemals ganz vergeht,
In Gedanken weiter weht.

Jede Welle, jeder Tropfen klar,
Zeigt uns, wie das Leben war.
In den Farben dieser Nacht,
Wird der Geist zur Ruh' gebracht.

Leuchtende Wogen, sanfter Schein,
Die Nacht erstrahlt im Meer allein.
Ein Flüstern aus der Tiefe spricht,
Dass selbst die Dunkelheit versieht.

Sanfte Kraft

Durch Wälder weht ein leiser Wind,
Wiegt die Blätter, sanft und lind.
Eine Kraft, die zart und rein,
Biegt den Ast im Mondenschein.

Bäche plätschern still und klar,
Fließen, wie es immer war.
Sanfte Kraft, die stillen Wege,
Wo sich Ruhe niederlege.

Blüten öffnen sich bei Nacht,
Duften lieblich, voller Pracht.
Eine Stärke, zart und fein,
Trägt die Schönheit in den Hain.

Die Natur zeigt ihre Macht,
In der sanften, stillen Nacht.
Kraft, die in der Ruhe wohnt,
Hat den Ursprung gut getont.

Sanfte Kraft, verborgen tief,
Die das Herz im Traume rief.
Sie begleitet leis' den Schritt,
Trägt uns durch das Leben mit.

Stille Bewegung

Ein Blätterfall im sanften Wind,
Der leise seine Wege find't.
Jede Bewegung, still und klar,
Zeigt, wie lebend Wesen war.

Die Welle küsst den stillen Strand,
Schreibt ihre Spur im weichen Sand.
Stille Bewegung, sanfter Klang,
Der uns fesselt, lebenslang.

Wolken ziehen sacht dahin,
Verändern stetig Form und Sinn.
Bewegung in der Stille Raum,
Lässt die Träume still verzaum.

Ein leises Säuseln durch die Nacht,
Das die Geister sanft bewacht.
Bewegung in des Mondes Licht,
Stille, die ihr Lied verspricht.

Stille Bewegung, tief und fein,
Ist des Lebens zarter Schein.
In der Ruhe gibt sie Kraft,
Die das Herz von Sorgen schafft.

Leidenschaft des Wassers

Sanft fließt es über Stein und Sand,
mit einer mächtigen, ewigen Hand.
Es flüstert Geheimnisse in der Nacht,
trägt Leben, das in Tiefe erwacht.

Wie Diamanten glitzert es klar,
trägt Gedanken, die sind wunderbar.
Ein Tanz der Wellen, so wild und frei,
wenn Sturm und Wind geben den Schrei.

Spiegelt den Himmel in seiner Pracht,
zeigt uns Wunder in der stillen Nacht.
Es ruft die Seele, folgt ihm nach,
ein Fluss aus Emotionen, stark und wach.

Durch Täler und Schluchten zieht es dahin,
mit einer Kraft, die niemals versiegt.
Es ist die Ader, die Leben spendet,
in seiner Leidenschaft unendlich endet.

Schwarze Gischt

In der Dunkelheit tobt das Meer,
Gischt schäumt auf, hart und schwer.
Wellen brechen auf steinigen Grund,
der tosende Sturm hat sie aufgewühlt und zerrt.

Unter dem Mond, ein silberner Schein,
nerzt schwarze Wellen, glänzend fein.
In dieser Nacht wächst die Furcht,
nur der Leuchtturm seinen Strahl auf Wellen wirft.

Dunkle Tiefen, das Unbekannte lauert,
eine Macht, die kein Sterblicher zaudert.
Schwarze Gischt, voller wilder Energie,
hier regiert allein die wilde Monstrosität.

Und doch, in dieser kalten Nacht,
finde ich in ihr etwas Tracht,
eine Kraft, die Leben bringt und nimmt,
ein ewiger Tanz, den nur die Natur bestimmt.

Sonnenaufgang am Meer

Ein goldener Strahl durchbricht die Nacht,
auf silbernen Wellen er erwacht.
Stille am Horizont, wo Himmel und Meer
zusammenkommen in friedlicher Ehr'.

Die Dunkelheit weicht einem sanften Licht,
das die Welt in Goldfarben hüllt.
Ein neuer Tag, ein frischer Anfang,
der Sonne Glanz, so zart und schillernd.

Wind trägt die Klänge der Wellen fort,
der Himmel malerisch und wie aus einem Guss.
Ein Farbenspiel, das Herzen berührt,
das ganze Meer im Morgenlicht erglüht.

Das Wasser spiegelt diesen Schein,
voll Hoffnung, Liebe und ganz rein.
Ein Morgen, der all das schafft,
ein friedlicher Start, voll Lebenskraft.

Traumhafte Weiten

Über Berge und durch Täler streift,
ein Hauch von Freiheit stets im Reis.
Endlose Horizonte, weit und klar,
weite Felder, Himmel wunderbar.

Ein Traum von unberührter Natur,
die Welt ist ein grenzenloser Flur.
Das Herz schlägt höher in diesen Weiten,
die Frieden und Ruhe stets begleiten.

Ein Vogel zieht seine Bahn im Wind,
der Sonnenstrahl den Tag beginnt.
Sanfte Hügel und Wälder so grün,
Traumhafte Weiten, wo wir uns sehnen.

Ein Weg, der nie zu Ende führt,
in dem die Seele ihre Flügel spürt.
Der Himmel weit, das Herz so frei,
die Welt ist eines Jeden ihr Eigen, ganz neu.

Wellen des Schicksals

Inmitten von stürmischen Meeren,
Tanzen die Wellen hin und her.
Schicksal, das uns führt,
Gezeiten, kühn und schwer.

Das Leben gießt uns Formen,
Wie Wasser, das Ufer küsst.
Veränderlich und doch beständig,
Alles, was existiert, fließt.

Durch Ebbe und Flut getragen,
In Unsicherheit und Ruh.
Schicksal, das wir erfragen,
Nicht stets friedlich, aber nie tabu.

Der Horizont zeigt ferne Ziele,
Doch das Jetzt, es zählt allein.
Fort trägt uns des Schicksals Spiel,
Über's wilde Wellenmeer fein.

Jenseits der endlosen Wasser,
Erwartet uns Land in Sicht.
Sehnsucht und Hoffnung, nicht blasser,
In des Lebens Wogen dicht.

Stille Szenen

Wenn der Abend sich neigt,
Und der Tag in Ruhe geht,
Tanzen Schatten sanft und leise,
In der Stille, die entsteht.

Gedanken wie Vögel schwirren,
Durch den dunklen Raum.
Stille Szenen, die uns führen,
Hin zum nächtlichen Traum.

Das Flüstern der Zeit erklingt,
In Sekunden so zart.
In der Stille, die uns dringt,
Wird das Herz froh und smart.

Jeder Moment ein stilles Lied,
In Harmonie und Widerhall.
Erzählt von Frieden, der uns nies,
Durch des Abends Bengal.

So sinken wir in sanfte Träume,
Geben der Nacht unseren Geist.
Stille Szenen im stillen Räume,
Bis der neue Tag anprest.

Tanz der Elemente

Feuer brennt mit heißer Glut,
Wind fegt wild und munter.
Wasser rauscht in tiefer Flut,
Erde trägt uns immer runter.

Im ewigen Kreislauf der Natur,
Ist das Leben ein Tanz.
Elemente in voller Urtur,
Vergänglichkeit im Balance.

Flammen wirbeln in der Nacht,
Licht bricht sich in Farben.
Winde tragen, was erwacht,
In neue, ferne Garben.

Samen keimen aus der Erde,
Erblühen in vollem Glanz.
Natur wird zur behände Herde,
Im Elements so stillem Tanz.

Ein Mysterium in jeder Spur,
Verbindet uns wirr und klar.
Im Rhythmus der Natur,
Sind wir Teil und wunderbar.

Schimmernder Übergang

Ein Hauch von Licht erwacht,
Wenn die Nacht den Tag berührt.
In schimmerndem Übergang gedacht,
Hat der neue Morgen geführt.

Das erste Licht des Tages,
Breitet sich sacht aus.
Das Dunkel, es verblasst,
Ein neuer Tag ergeht haust.

Farben tauchen sanft empor,
Im Spiel von Dämmerung.
Schimmernd wird das Himmels Tor,
Im sich wendenden Sonnenstund.

Gleißendes Licht vertreibt die Nacht,
Zeigt uns neue Wege klar.
Im Übergang, in solcher Pracht,
Erwacht das Leben, wunderbar.

Es ist ein ständig Kreisen,
Ein Wandel hin und fort.
Der schimmernde Übergang beweisen,
Des Lebens ewiger Ort.

Zarter Regen

Ein Schleier fällt, so leis und fein,
In Tröpfchen tanzt das sanfte Nass,
Verschmilzt mit Erde, still und rein,
Und malt auf Blätter blankes Gras.

Es flüstert leis im Baumgeäst,
Ein leises Rauschen dort erwacht,
Ein Streicheln, das den Durst erlässt,
Ein Funke, der den Tag entfacht.

In Pfützen spiegeln sich die Wolken,
Ein Himmel, der die Erde küsst,
Im Regenbogen, bunt und golden,
Verschmilzt die Welt in Farbgerüst.

Verhallt das Tropfen, still und zart,
Verwoben in des Lebens Lied,
Ein leises Sehnen, wie's verharrt,
Im Herz der Erde, das stets blüht.

Ewiger Fluss

Ein Band aus Silber, endlos weit,
Durch Täler tief und Berges Höh'n,
Er zieht sich hin, durch Raum und Zeit,
Ein unerschöpflich Band des Schöh'n.

Er trägt Geschichten mit sich fort,
Von Liebe, Schmerz und alter Zeit,
Ein stiller Zeuge an jedem Ort,
Der stetig fließt, und nie verweilt.

Im Mondeslicht, ein sanftes Gleiten,
Im Sonnenstrahl ein glitzernd Band,
Sein stetes Rauschen, unablässig,
Ein ewiges, vertrautes Land.

Er gräbt sich tief in's Erdengrund,
Formt Leben, schafft und nimmt Verdruss,
Ein Hauch der Ewigkeit am Mund,
Der Fluss, der alle Welten muss.

Gezeitenwinde

In Küstenferne weht ein Hauch,
Ein Atemzug aus Fern und Nah,
Er zieht durch's Land, er weiß den Brauch,
Des Kommens und des Gehens klar.

Er flüstert Lüfte, Meereslied,
Er küsst die Wellen, wild und frei,
Er zieht die Segel, das Gemüt,
Ein Tanz, so leicht, wie Wolkenschrei.

Im Sturm ergrimmt, im Frieden sacht,
So wandert er durch Raum und Zeit,
Er trägt die Wünsche, Ungemach,
Auf Wogen seiner Ewigkeit.

Kein Ruhen kennt er, keine Rast,
Ein Treiben, das die Welt umfängt,
Ein mächt'ger Hauch aus ferner Last,
Der Leben bringt und stets versenkt.

Zerbrochene Ufer

Die Ufer stumm, im Kummer bricht,
Ein Echo schallt von früher Zeit,
Das Wasser ruht, im Nebel dicht,
Ein Bild von Endlichkeit befreit.

Wo Wellen küssten, stiller Sand,
Wo Leben blühte, tiefe Nacht,
Ein Schatten hüllt das alte Land,
Das Leid, das dieser Ort entfacht.

Erinn'rung lebt in Trümmern fort,
Ein Seufzer weht, so leise kaum,
Ein Traum, zerstört an diesem Ort,
Der Ufer stiller, trüber Raum.

Doch Hoffnung keimt in jeder Fuge,
Aus Rissen sprießt ein neues Glück,
Gebroch'ne Herzen sehn der Zuge,
Ein neuer Anfang, Stück für Stück.

Sanfter Wandel

Ein Tag erwacht, die Sonne scheint,
Vergeht so leise, kaum gemeint,
Wie Blätter, die im Herbst verwehen,
Der Wandel kommt, so stilles Wehen.

Im Fluss des Lebens Gleiten sanft,
Verliert sich Zeit in Zeit erganzt,
Die Dinge ändern, kommen neu,
Im Wandel stets, das Herz erfreu.

Die Blumen blühen, welken bald,
Ein Kreislauf, der uns stets entfällt,
Doch in dem Neuen, stark und fest,
Erblicken wir im Alten Rest.

So sei der Wandel dir bewusst,
Und trage ihn, kein Grund zur Lust,
Denn alles fließt, bewegt sich sacht,
Im stet'sen Wechsel, neue Pracht.

Betrachte dieses Spiel voll Zeit,
Mit ruhigem Blick und Heiterkeit,
Die sanfte Wandlung, ohne Hast,
Ein stet's neues, and'res Gast.

Wellen des Daseins

Die See, sie rauscht, die Wellen steigen,
In stillen Kreisen, sie sich neigen,
Wie unser Dasein, wild und frei,
Wird's Well' um Well' nie einerlei.

Das Leben schäumt, es drängt hinaus,
Mal sanft, mal stürmisch, welch ein Braus,
Doch jede Woge trägt Verstand,
Des Lebens Melodie erkannt.

So fließen wir von Welle zu Welle,
Im Gleichgewicht, auf uns'rer Schwelle,
Die Höhen, Tiefen, das Bestreben,
Im Dasein immerzu zu weben.

Manch' Well' trägt Hoffnung, manch' auch Schmerz,
Doch alle treffen unser Herz,
In steter Bewegung, still und klar,
So wird das Leben, was es war.

Ergreife jede, koste sie,
Lass los, und wehre dich doch nie,
Denn Wellen kommen, das ist wahr,
Vergänglich ist, was immer war.

Geheimnisse des Wassers

In Tiefen stiller Ströme zaudern,
Die Wasser flüstern, Lieder plaudern,
Geheimnisse in Wellen tam,
Und Traumgebilde, zu uns kam.

Im klaren Spiegel, Sehnsucht ruht,
Die Wasser tanzend, rings im Blut,
Sie bergen längst vergess'ne Zeit,
In Tiefe stets zur Fahrt bereit.

Im Licht der Sterne funkelt Glanz,
Ein stiller Klang, des Wassers Tanz,
Geheimnisse, verwebt in Flut,
Ein leises Lied von alter Hut.

So hör' die Wasser sachte singen,
In Strömen, die das Leben bringen,
Von Mysterien, tief und weit,
In ewig fließender Gestalt.

So schau in Tiefen, lass dich treiben,
Die Wasser werden alles zeigen,
Was je gewesen, je entflohn,
Im Wassertanz, im tiefen Ton.

Küsse der Zeit

Die Zeit, sie küsst uns leis und sacht,
In jeder Stunde, jede Nacht,
Die Spuren zeichnend auf der Haut,
Mit jedem Kuss, der Zeit vertraut.

Ein Augenblick, der ewig scheint,
Im Fluss der Zeiten still vereint,
Ein sanftes Streicheln, kaum gewahrt,
Die Zeit, die uns so innig nah.

Vergang'ne Stunden, flüchtig huschend,
Die neuen nahen, immer wuschelnd,
Die Küsse der Zeit, ein sanftes Spiel,
Unmerklich, leise, unser Ziel.

Sie küsst uns jung, sie küsst uns alt,
Verwoben in des Lebens Halt,
Mit jedem Herzschlag, nah und fern,
In ihren Küssen liegt ein Stern.

So nimm die Zeit, mit Liebe an,
In jedem Kuss ein Neubegann,
Die Stunden uns zu Staub vereint,
Die Zeit uns küsst, doch nie verneint.

Steter Fluss

Ein Fluss fließt leise durch das Land,
wenig Regen, oft die Sonne stand.
Hier geht das Leben seinen Lauf,
trägt alles fort, nimmt niemals auf.

Die Wellen flüstern stetes Lied,
Erinnerungen, die niemand sieht.
In jedem Tropfen glimmt ein Funken,
von gestern Nacht, von Herzen trunken.

Die Fische ziehen ihre Bahn,
kein Mensch sieht je, wohin sie fahr'n.
Doch folgt man ihnen, still und leis,
entfaltet sich der Weg im Kreis.

Ein Fluss, so stet, so endlos klar,
erfüllt sich selbst in Tag und Jahr.
Und wer ihn sieht, in tiefer Stille,
spürt seine Kraft, nach eigenem Wille.

So träume ich vom ew'gen Fließen,
ein Tanz der Welten, unbewiesen.
Der Fluss, er bleibt in aller Zeit,
bringt uns zum Ursprung, weit und breit.

Brechende Tage

Ein Morgen graut mit schwerem Licht,
die Schatten spielen fern und dicht.
In jenen Stunden, bang und still,
fühlt man, dass Zeit verweilen will.

Die Tage brechen, Stück für Stück,
ein Mosaik aus altem Glück.
Wie stark der Sturm auch um uns braust,
das Herz im Innern dauernd lauscht.

Ein jeder Augenblick, er zählt,
wenn Einsamkeit die Seele quält.
Doch auch im Dunkeln leuchtet's Licht,
das uns am Ende nie zerbricht.

Im Wind verweht uns mancher Traum,
doch glauben wir, es bleibt ein Raum.
Wo Hoffnung blüht und Wurzeln schlägt,
und unser Geist sich neu bewegt.

Die Tage, die in Stürmen fließen,
durchleben wir und werden's wissen.
Dass jede Nacht, so tief und lang,
ein Lied trägt, das uns ewig sang.

Jenseits der Ströme

Winde singen über das weite Meer,
tragen Träume, treiben ungemeer.
Dort jenseits der Ströme, endlos weit,
erwacht das Leben, tief verschneit.

Die Wellen tanzen, ein ew'ges Spiel,
die Sehnsucht ruft, doch bleibt das Ziel.
In jener Ferne, wo Licht uns führt,
bis jede Angst sich tief verzehrt.

Ein Schiff segelt, hingetrieben,
von Wellen sanft und doch gerieben.
Dort, wo der Horizont sich neigt,
da ist, was keine Zeit zeigt.

Und in den Sternen, so fern und klar,
erblicken wir, was einstens war.
Ein Weg, der sich im Wasser löst,
von niemandem je defloriert, getöst.

Jenseits der Ströme, da ruht die Zeit,
bis endlich Sein und Werden gleicht.
Ein Ort der Ruhe, tief versteckt,
von Herzen jenes Traums perfekt.

Blaue Ewigkeit

Der Himmel spannt sich weit und blau,
ein Ozean, so tief genau.
In ihm, da schweben Wolken zart,
bekennen sich zur Himmelsart.

Die Vögel ziehen ihre Kreise,
in jener unendlichen Reise.
Wo Raum und Zeit verschwimmen gern,
erlebt man Freiheit, himmelfern.

Ein jeder Blick ins Himmelszelt,
erfüllt das Herz mit ferner Welt.
Der Abend naht, die Farben glühen,
das Ewige beginnt zu blühen.

Und in der Nacht, da funkelt Licht,
die Sterne singen ihr Gedicht.
Von der Unendlichkeit erfüllt,
die jede Stille manchmal stillt.

Blaue Weiten, ewig klar,
machen uns das Leben wahr.
Ein Moment, der nie vergeht,
und unser Wesen stets erfleht.

Unendlicher Reigen

Tänze im Mondlicht, sanft und leise
Verwirbeln Schatten, zeitlose Reise
Sterne flüstern, Geheimnisse in der Nacht
Unendlicher Reigen, der Leben entfacht

Im Kreis der Jahreszeiten, ewiger Lauf
Blätter fallen nieder, rufen den Herbst herauf
Winde singen Lieder, von Liebe und Schmerz
Unendlicher Reigen, vereint jedes Herz

Ein ewiges Muster, verflochtene Zeit
Momente des Glücks, in Ewigkeit bereit
Träume verweben, miteinander verwandt
Unendlicher Reigen, Hand in Hand

Gefühle im Gleiten, durch den Raum gerauscht
Ein Reigen des Seins, wo nichts je vertauscht
Wellen der Erinnerung, in die Seele geströmt
Unendlicher Reigen, der Vergangenheit entblößt

Symphonie des Daseins, harmonisch und klar
Zeit vergeht im Takt, das Jetzt ist endlos wahr
Lebensfäden spinnen, ein Licht in der Nacht
Unendlicher Reigen, der immer lacht

Spuren des Augenblicks

Fußspuren im Sand, vom Wind verweht
Erinnerungen leise, in die Ferne gesät
Jeder Augenblick, ein wertvoller Schatz
Spuren des Augenblicks, vergänglich und platt

Blicke verfangen, verklingen sanft
Gesichter verblassen, Erinnerung verkrampft
Im Herzen jedoch, bleibt jeder Moment
Spuren des Augenblicks, die niemand trennt

Ein Lächeln im Vorübergehen, flüchtig und zart
Flüstert Geschichten, in des Seins heiligen Bart
Momente gefangen, im ewigen Licht
Spuren des Augenblicks, die Zeit übersicht

Hände sich treffen, Berührungen leicht
Ein Gefühl hinterlassen, das immer erreicht
Unsichtbare Linien, in Raum und im Geist
Spuren des Augenblicks, die niemand entreißt

Die Zeit fließt weiter, doch bleibt stets zurück
Ein Hauch vergangener Momente, verborg'nes Glück
Jeder Augenblick, ein Abdruck tief im Sein
Spuren des Augenblicks, die immer sein

Ruhige Strömungen

Ein sanfter Fluss, durch Wälder glitt
Stille Wasser, die Welt in Ruh' umhüllt
Geheimnisse flüsternd, im sanften Flusslauf
Ruhige Strömungen, die den Frieden rauf

Bäume neigen sich, im Schatten der Zeit
Blätter tanzen leise, im Wind aus Ungewissheit
Doch der Fluss bleibt treu, in ewiger Harmonie
Ruhige Strömungen, der endlosen Symphonie

Das Ufer umarmt, in zärtlicher Ruh
Ein Bild des Friedens, das Herz in Einkehr sucht
Wellen wiegen sanft, die Sorgen hinweg
Ruhige Strömungen, ein tröstender Fleck

Sonnenstrahlen tanzen, auf der stillen Haut
Lichtspiele flimmern, im goldenen Tau
Ewig kreisend, doch niemals erlahmt
Ruhige Strömungen, die Seele umarmt

Im Schatten der Berge, der Fluss zieht weiter
Erzählt von Frieden, Mysterien heiter
Ein endloser Fluss, der niemals versiegt
Ruhige Strömungen, wo das Leben siegt

Ebenen der Ewigkeit

Im sternenklaren Himmel, weit und breit
Erstrecken sich die Ebenen der Ewigkeit
Sterne spiegeln Träume, in zartem Schein
Ebenen der Ewigkeit, im kosmischen Verein

Die Nächte sind voller Geschichten, sanft erzählt
Von Welten und Zeiten, unendlich gemäht
Das Universum atmet, in stillem Gebet
Ebenen der Ewigkeit, die niemand versteht

Zeitloses Schweigen, im Sternenmeer
Kosmische Tänze, so leicht und schwer
Jeder Traum ein Funke, im großen Plan
Ebenen der Ewigkeit, wo Träume nahn

Galaxien tanzen, im Rhythmus der Zeit
Sonnensysteme flüstern, Unendlichkeit
Ein Lichtjahr entfernt, und doch so nah
Ebenen der Ewigkeit, wunderbar klar

Das Herz der Nacht, pulsierend und weit
Trägt die heiligen Geheimnisse, der Ewigkeit
Schichten des Seins, verflochten im Raum
Ebenen der Ewigkeit, ewig im Traum

Flüsse der Erinnerung

Im Flusse der Zeit, so klar und rein,
Erinnerungen tauchen auf im Schein,
Wie Kieselsteine, glatt und fein,
Erzählen sie von daheim und sein.

Ströme fließen still vorbei,
Tragen flüchtige Träume herbei,
Gebrochene Brücken, Liebe und Leid,
Flüsse der Erinnerung, so weit.

Die Wellen rauschen sanft und klar,
Flusslieder singen von Jahr zu Jahr,
Vergangenheit, die nicht welken mag,
Ein ew'ger Strom, der stets verzagt.

Fernes Lachen im Wasser zuletzt,
Geschichten webend, so unverletzt,
Die Strömung nimmt sie mit auf Reise,
Still und tief, auf ewig leise.

In diesen Fluten ruht die Zeit,
Vereint im Herzen, weit und breit,
Erinnerungen, so sorgsam verwahrt,
Der Fluss des Lebens hält sie zart.

Unendliche Rhythmen

Schritte hallen auf steinernem Pfad,
Mit jedem Tritt ein klingendes Rad,
Der Puls des Lebens, stark und klar,
Rhythmen ertönen, wunderbar.

Das Herz schlägt im Takt der Zeit,
Unendliche Wege, die es schreit,
Die Melodie des Lebens, sanft und hart,
In jedem Moment neu offenbart.

Trommeln, die im Herzen schlagen,
Schwingen in uns, ohne zu fragen,
Ein ewiger Tanz, so wild und frei,
Unendliche Rhythmen, ewig neu.

Durch Nächte und durch sonnigen Tag,
Ein Klang, der blieb und den ich mag,
Die Welt dreht sich in Harmonie,
Und trägt in sich die Melodie.

Dieses Lied, das uns begleitet,
In Menschenleben, unbeschreiblich,
Die Rhythmen sind stets unser Teil,
Ein ewiges Lied, uralt und reif.

Lebendige Brandung

Die Wellen schlagen an den Strand,
Mit einer Kraft, voll Lebensbrand,
Ein Tosen, das die Erde rührt,
Lebendige Brandung, die verführt.

Die Gischt tanzt auf dem Wasser blau,
In ihrer Pracht so frisch und rau,
Ein ew'ges Spiel von Licht und Schatten,
Das Meer erzählt auf nassen Matten.

Sturmgetrieben, wild und frei,
Segler wagen sich vorbei,
Das Leben pulsiert in jedem Tropfen,
Brandung, die Herzen lauter klopfen.

In jeder Welle ein Teil vom Sein,
Kraftvoll, zärtlich, hell und rein,
Die Weite ruft, die Ferne winkt,
Brandung, die mit dem Herzen singt.

Der Ozean, ein endlos Rauschen,
Die Wellen brechen, und wir lauschen,
Lebendig wird, wer sie erkennt,
Die Brandung, die das Leben nennt.

Gesänge der Tiefe

Tief im Ozean, wo Stille wacht,
Gesänge der Tiefe, voller Macht,
Ein Ruf von fern, so dunkel, klar,
Das Lied des Meeres, wunderbar.

Die Wale singen ihre Lieder,
In den Tiefen, immer wieder,
Ein Klang, so tief und voller Schmerz,
Träumerisch sanft und doch so ernst.

Korallenriffe, bunt erleuchtet,
Flüstern Lieder, unbedeckt,
Ein Reigen aus farbenfrohen Tönen,
Gesänge, die im Dunkeln tönen.

Im Walde der Seetangsträne,
Erklingen sanfte Meeresklänge,
Wiegen sanft in salz'ger Flut,
Erzählend von der Gezeiten Glut.

Der tiefste Grund, ein schwarzes Meer,
Birgt Lieder, dunkel, sanft und schwer,
Gesänge, die nie verstummen mehr,
Der Tiefe Lieder, uralt und leer.

Traumhafte Bewegung

Im stillen Schatten tanzt ein Licht,
Verwebt die Träume, die nie gewacht,
Ein Flüstern sanft durch Äther spricht,
Ein Glanz, der über Herzen lacht.

Seele schwingt im Traumgesang,
Zeitenlos und federleicht,
Horizonte weit und lang,
Träumend, wie der Himmel weicht.

In Nächten sacht, der Mond erwacht,
Zieht Kreise über Träumen flach,
Ein Sternenregen, sanfte Pracht,
Bilder, die der Geist vollbracht.

Herzen fliegen durch die Nacht,
Mit Flügeln, die kein Morgen scheut,
Ein Tanz, der ewige Sterne facht,
In jeder Seele tief erfreut.

Traumhafte Bewegung, ohne Eile,
Zeit verwoben, Raum entflohn,
Ein Rausch, der sich dem Sein verweile,
In Herzen schlägt der Traum als Lohn.

Unsichtbare Hand

Durch stillen Raum und Zeitensand,
Webt heimlich sich die unsichtbare Hand,
Ein Echo, das im Herzen fand,
Geheimnisvoll, doch wohlbekannt.

Sie streicht durch Tränen, Wunden stillt,
Gibt Hoffnung, wo der Schatten fällt,
Ein Hauch, der leise Träume füllt,
Die Seelen zart und sicher hält.

Unsichtbar führt sie uns zu Licht,
Durch Dunkel ohne Klagelaut,
Ein Flüstern, das vom Frieden spricht,
Der im Verborg'nen uns erbaut.

Geheim und doch so stark gewebt,
Ein Netz aus Liebe, hart und weich,
Das Schicksal, das uns nie entzweit,
Ein Stern, der uns den Weg bereicht.

Bleib' treu, o Hand, die uns führt,
Durch Stürme und durch stille Nacht,
Das Herz, das dich erkennt, berührt,
Erblüht in uns, uns hält in Macht.

Zeitverschlungener Pfad

Ein Pfad, der durch die Zeiten geht,
Verschlungen wie ein alter Traum,
Ein Wind, der uns entgegen weht,
Ein Klang aus fernem, sanftem Raum.

Er führt durch Nebel, Licht und Dunkel,
Versunken in Geheimnis leis,
Wo Herzen schlagen, sanft verhungern,
Im Anblick dessen, was einst heiß.

Zeit, die in Spiralen fließt,
Von gestern ganz in heute ruht,
Ein Fliehen, das sich nie verschließt,
Ein Kreis, den niemand je erkundet.

Doch auf dem Pfad sind Spuren fein,
Von jenen, die ihn einst beschritten,
Ein Flüstern tief im Herzen sein,
Von Liebe, die sich nie entglitten.

Zeitverschlungen, weit und schnell,
Der Pfad, den jede Seele kennt,
Ein Weg, der uns in Händen hält,
Bis unser Sein im Lichte brennt.

Märchen der Gezeiten

Ein Märchen, das die Wellen singen,
Vom Anfang und des Meeres Lauf,
Ein Ort, wo sanfte Träume klingen,
Ein Glanz, der sich im Wasser taut.

Die Gezeiten weben ihren Reim,
Von Ebbe zu der Flut gebannt,
Geschichten, die im Sternenschein,
Verwurzelt tief im Mondesrand.

Ein Echo von Atlantis' Reich,
Versunken, doch im Wasser klar,
Die Perlen lichten sich zugleich,
Wie Märchen in des Ozeans Haar.

Die Wellen tragen still den Klang,
Von Zeiten längst vergehn'n und nah,
Ein Hauch von ewigkeit durchdrang,
Den Seemann, der das Staunen sah.

Märchen der Gezeiten leis,
Im Rauschen uns're Herzen finden,
Ein Lied, so klar und doch so heiß,
Ein Band, das Wasser, Zeit verbindet.

Das Rauschen der Ewigkeit

In den Wäldern, tief und weit,
Hört man das Rauschen der Ewigkeit.
Blätter flüstern, erzählen leis,
Von alten Tagen, still und weiß.

Durch das Unterholz sieh' nur hin,
Flüstert ein Geheimnis, verborgen drin.
Zeitenstrahlen, die hier verweil'n,
Lassen uns die Welt erteil'n.

Wind streift sanft die Äste sacht,
Die Seele lacht, erwacht bei Nacht.
Im Herzen bleibt das Singen steh'n,
Ewigkeit scheint nie verweh'n.

Sonnenstrahl durch Blätter bricht,
Ein gold'ner Hauch, ein ew'ges Licht.
Wo Traum und Wirklichkeit sich find'n,
Ewigkeiten sanft sich wind'n.

Und so bleibt in tiefen Wäldern klar,
Das Rauschen der Ewigkeit für wahr.
In Seelen, die noch träumen können,
Wird ihre Melodie stets brennen.

Meeresvergessen

Wellen schlagen gegen Stein,
Fern erinnernd uns vom Sein.
Meeresgrund, so tief verborgen,
Leise flüstert's ohne Sorgen.

Schaumgekrönt und gischtigend,
Das Meer unendlich sich verrennt.
Trägt Geschichten fort im Wind,
Die wir längst verloren find'n.

Ebbe zieht, die Flut versinkt,
Vergessen, was die Tiefe bringt.
Alte Schätze ruh'n dort still,
Meeresgrund kennt unsern Will.

Doch in Herzen bleibet fein,
Das Meereslied, es singet rein.
In Erinnerungen wir's bewahr'n,
Meeresrauschen immerdar.

In den Sternen spiegelt sich,
Des Meeresleuchten, wunderlich.
Vergessen werden wir es nie,
Meereswogen, sanft und sie.

Ewiger Puls

Die Stadt erwacht im Lichtermeer,
Ein Puls, der schlägt und atmet schwer.
Durch Straßen fließt das Leben frei,
Nächtlich in die Ewigkeit.

Jeder Schritt ein Paukenschlag,
Ein Herz, das in die Ferne mag.
Menschen kommen und verweil'n,
In dem Puls, gemeinsam heil'n.

Neonlichter, blendend klar,
Ewigkeit ist greifbar nah.
Hoffnung sprießt aus jedem Licht,
Ein Puls, der niemals bricht.

Schattenspiel auf alten Mauern,
Ewiger Puls, in Herzen lauern.
Rhythmus, der uns trägt so weit,
Durch die Unendlichkeit.

Und so finden wir uns ein,
Im Puls des Lebens, niemals allein.
Zusammen schlagen wir im Takt,
Durch die Zeit, die uns umhakt.

Nächtliche Flut

Mondlicht auf die Wellen fällt,
Das Meer erwacht, es lebt und hält.
Nachtwind trägt das Lied so weit,
In die Weiten, sanfte Zeit.

Sterne spiegeln sich im Grau,
Nächtliche Flut, tief und blau.
Rauschen, Flüstern, ohne Halt,
Das Meer erzählt von alter Gestalt.

Wogen tanzen, brechen leis,
Ein Melodie, die Zeit vereist.
Nächtliche Flut trägt uns fort,
Zu einem unbekannten Ort.

Tief verbunden, Herz und See,
In der Nacht, im stillen Weh.
Fluten steigen, sinken klar,
Nächtliche Träume, immerdar.

Morgen kommt mit neuem Licht,
Doch vergessen wir es nicht.
Nächtliche Flut, sie sang uns zu,
In der Dunkelheit voll Ruh.

Lebensschwämme

Im Schatten der Tiefen, still und weit,
Fühlen wir die Stille, fühlen wir die Zeit.
Lebensschwämme atmen, tagein, tagaus,
Verborgenes Leben, ein ewiger Fluss.

Die Flossen der Fische, sanft wie ein Traum,
Gleiten durch Wasser, im ozeanischen Raum.
Korallen, Gedichte aus Farben und Form,
Lebensschwämme wandeln, sanft und enorm.

Tief unten im Dunkeln, fernab vom Licht,
Existiert ein Reich, das die Zeit nie vergisst.
Lebensschwämme weben das Netz ihrer Welt,
Ein stiller Tanz, der uns geheimnisvoll hält.

Den Rhythmus der Wellen, die Stille der See,
Im Herzen der Tiefe, der Klang eines Fee.
Lebensschwämme flüstern, ein uraltes Lied,
Vergänglichkeit, die in endloser Stille blüht.

Vergangene Epochen, in Tiefen versunken,
Lebensschwämme atmen, stetig und trunken.
Die Weisheit der Tiefen, ein ewiges Band,
Durch Lebensschwämme stets neu erkannt.

Mystische Strömungen

Geflüster der Strömung, ein ewiges Wehen,
Wir spüren das Alte, in Wassern verwehen.
Die Tiefe des Meeres, geheimnisumwoben,
Trägt uns durch Zeiten, die sich uns loben.

In Wellen tanzen, dort wo Magie kreist,
Sind wir verliebt in die Stille, die uns vereist.
Ozeane versprechen, Geheimnisse wahr,
Mystische Strömungen, ein endloses Narr.

Vom Meeresgrund flüstert das ewige Wort,
Wir finden das Alte, an diesem stillen Ort.
Die Zeit fließt uns durch die suchenden Hände,
Mystische Strömungen, ihr Fluss ohne Ende.

Unsichtbare Kräfte, die Seelen berühren,
Leiten uns sanft durch die ewigen Türen.
Zwischen den Wellen und Strudeln der Nacht,
Mystische Strömungen, die Macht, die entfacht.

Verlorene Welten, verborgen im Meer,
Strömen durch Zeiten, ewig und leer.
Mystische Strömungen, ein endloses Spiel,
Von Kräften bewegt, jenseits des Ziel.

Glitzernde Gezeiten

Die Gezeiten, sie wechseln, ein ewiges Spiel,
Wo das Glitzern des Wassers uns warm umhüllt.
Wir sehen das Funkeln vom Mondlicht genährt,
Glitzernde Gezeiten, von Wundern gekehrt.

Mitten im Wandel des stürmischen Sees,
Finden wir Träume, die leuchten wie Schnee.
Jeder Moment, ein glitzerndes Lied,
Gezeiten des Meeres, die Zeit, die verblüht.

Zwischen den Wellen, im rhythmischen Tanz,
Gleiten wir leise, im schimmernden Glanz.
Das Wasser, es flüstert von Zeiten und Raum,
Glitzernde Gezeiten, ein glühender Traum.

Am Rande des Strandes, wo Sand sich verliert,
Tragen wir Hoffnungen, vom Wasser geführt.
Die Wellen, sie singen das Lied der Natur,
Glitzernde Gezeiten, ein Kreislauf so pur.

Endlose Ozeane von funkeln und Schein,
Wellen umarmen den Mondschein so rein.
Glitzernde Gezeiten, ein magisches Land,
Wo Träume und Wirklichkeit sanftes Band.

Sinnliche Wasser

Die Wellen, sie flüstern, so zärtlich und fein,
Vom Kuss der Gezeiten, dem seligen Wein.
Sinnliche Wasser, sie umschlingen das Herz,
Mit jedem Tropfen, vertreiben sie Schmerz.

Im Spiegel der See, die Tränen des Glücks,
Findet sich Liebe in sanftem Geschick.
Sinnliche Wasser, sie tragen das Licht,
Im Rausch der Wellen, verliert sich die Sicht.

Ein Tanz der Gefühle, im tiefen Blau,
Eintauchen, versinken, wie im sanften Tau.
Sinnliche Wasser, die Sehnsucht enthüllen,
Mit jedem Strom, die Sinne umspülen.

Im Wispern der Wogen, ein Schimmer von Lust,
Strömungen, die seufzen, in tiefer Brust.
Sinnliche Wasser, sie erzählen von Zeit,
Wo Träume und Wahrheit in Ewigkeit.

Der Fluss unsrer Seele, die Strömung so sacht,
Im Herzen des Meeres, die Liebe erwacht.
Sinnliche Wasser, ein ewiges Band,
Verbinden uns leise, mit sanftem Verstand.

Schaukelnde Welten

Die Sonne sinkt in sanfte See,
Der Tag verabschiedet sich ganz still.
Wir schaukeln sanft im Weltenmeer,
Innerhalb der Zeit, die nie ruhen will.

Wie ein Blatt im Wind, das sich dreht und wendet,
Erleben wir die Tücken dieser Reise.
Doch in unseren Herzen, stets erkennend,
Dass im Wandel doch beständige Weise.

Die Sterne leuchten klar und hell,
Ein Meer aus Erinnerungen und Träumen.
In schaukelnden Welten, leise und schnell,
Finden wir Halt in den nächtlichen Räumen.

In der Ferne ruft die Zukunft leise,
Ein Lied von Hoffnung und von Mut.
Auf schaukelnden Welten, in ewiger Reise,
Finden wir Frieden, das tut uns gut.

Durch Wellen des Alltags, auf und ab,
Schweifen unsere Seelen auf weiter Fahrt.
Schaukelnde Welten, ein Kontrast, der uns gab,
Die Kraft, dass Geduld stets bewahrt.

Hoffnungswellen

Ein kleiner Funke in der Dunkelheit,
Flackert sanft, doch stark und klar.
Auf den Wellen der Zeit, bereit,
Ragt Hoffnung wie ein Stern, so nah.

Durch die Stürme und den Regen,
Durch die dunklen Täler dieser Welt.
Bleibt ein Licht, dem wir entgegen,
Eine Hoffnung, die uns festhält.

Die Wellen tragen unsere Träume weit,
Durch die Zeit, vergangen, ungekannt.
Hoffnungswellen, in jeder Gezeitenkeit,
Bringen Wärme, wie von Sonnenhand.

Und auch wenn Schatten uns umhüllen,
Bleibt die Zuversicht uns stets erhalten.
In den Herzen brennen Flammen, still und willens,
In Hoffnungswellen Sehnsüchte gestalten.

So segeln wir auf Meeren voller Licht,
Durch die Zeiten, durch das Leben.
Hoffnungswellen zeigen uns die Sicht,
Dass jede Dunkelheit wird irgendwann vergehen.